VON DER MITTE GEHALTEN

Bilder von Miriam Ferstl
Texte von Gernot Candolini

claudius

Schönheit ist ein Ausdruck der geheimen Naturgesetze,
die sonst für immer vor uns verborgen gewesen wären.

Johann Wolfgang von Goethe

Einleitung

Das Kreisen der Planeten um die Sonne, der Erdmittelpunkt, das Zentrum einer Stadt, der Zellkern, die Mitte des Labyrinths, der Punkt, aus dem der Zirkel einen Kreis schreibt. Die Mitte der Materie findet sich im Großen wie im Kleinen. Aber gibt es auch eine innere Mitte, eine Mitte von Geistigem und Symbolischem, die sich nicht mathematisch berechnen lässt, aber dennoch real, spürbar und erfahrbar ist?

Gibt es die Mitte eines Körpers, die Mitte einer Familie, die Mitte eines Gebäudes, die Mitte des Universums? Oder gar die eine endgültige Mitte, um die sich alles dreht? Die Sehnsucht danach ist – auf jeden Fall gerade in unserer überladenen Zeit – allgegenwärtig. Die Mitte ist wie das ruhige Zentrum, das alles zusammenhält. Bilder, die um eine Mitte kreisen, haben eine besondere Anziehung. Sie beruhigen und erinnern uns an den Halt der inneren Balance. Von der Mitte ausgehend bildet sich Ordnung. Viele natürliche Strukturen folgen dieser Ordnung und gruppieren sich symmetrisch um eine Mitte. Damit bleibt das ganze Bild, die ganze Struktur von der Mitte ausgehend und zur Mitte hinführend geordnet und gehalten.

Miriam Ferstls Bilder von Kronleuchtern, zentral von unten fotografiert, strahlen eben diese Schönheit von Strukturen aus, die sich konzentrisch um eine Mitte anordnen. Sie hängen zwischen Himmel und Erde. Sie tragen das Licht. Aus der Perspektive der Mitte bilden sie oft eine faszinierende und berührende Symmetrie. Sie erinnern an bekannte Muster: Wo haben wir das

schon gesehen? Waren es Fensterrosen oder Riesenräder? Oder waren es Schneesterne, Kristalle, Mikroorganismen oder andere natürliche Gebilde? Ist diese Ähnlichkeit Zufall?

Der Betrachter staunt über die faszinierende Schönheit, die diese Bilder ausstrahlen und die Überraschung, dass wir diese so noch nie bemerkt haben, auch wenn wir schon unter dem einen oder anderen Leuchter durchgegangen sind. Vermutlich ist es auch die Symbolik, die in den Bildern enthalten ist, die uns berührt. Sind wir nicht selbst in der gleichen Situation? Erinnern uns die Gedanken, die uns zu den Bildern einfallen, wenn wir die Frage stellen: Was ist das?, nicht auch auf stille, unaufdringliche Weise an unser eigenes Sein? Auch wir hängen zwischen Himmel und Erde und versuchen ein Licht zu sein. Auch wir hoffen und suchen die Mitte und die Ordnung. Auch wir ahnen diese wunderbare Schönheit des eigenen Lebens, die sich uns aber nur offenbart, wenn wir still und achtsam werden der Schönheit des Lebens gegenüber. Wenn uns dieser Blick gelingt, dann ist einen Moment lang alles gut.

Wo noch schauen wir in eine Mitte? Wo überall begegnet uns dieser Rahmen, dieses Rund, diese Struktur, dieser Fokus? Dieses Buch ist eine Einladung zu einer Entdeckungsreise, die nach der letzten Seite nicht endet, sondern beginnt.

München, im Dezember 2018

Gernot Candolini

Die Mitte

Die Mitte kann vieles sein. Eine Ruhe, eine Zufriedenheit, eine Erleuchtung, etwas Göttliches, ein wunderbares Nichts. Alles, was Menschen dort erleben und empfinden, ist richtig und wahr. Es ist so unterschiedlich, wie es verschiedene Menschen gibt. Nur eines scheint in der Mitte für alle gleich, und das ist immer auch etwas Besonderes: Man ist angekommen.

Im Auge des Sturms

Es gibt im Leben immer wieder Augenblicke des Sturmes. Dann, wenn die Fülle der Anforderungen zu viel wird, wenn das Erledigen direkt ins Erledigt-sein übergeht.

Dann bohren sich Gedanken ins Gemüt wie: „Zu früh. Nicht jetzt. Das war's. Nicht das auch noch. Ich kann nicht mehr."

Doch wenn es gelingt, das Auge des Sturmes zu finden, dort, wo alles still ist, dort, wo man ausruhen kann und sicher ist, dann ahnt man, dass es keinen Sturm gibt, der stark genug ist, um uns aus der Mitte hinaus zu fegen.

Wehrkirche der Hl. Maria, Vrboska, Kroatien

Beginn

Wenn eine Eizelle befruchtet wird, ereignet sich etwas Erstaunliches: Sie beginnt sich langsam zu drehen. Wie ein Planet umkreist sie ihre eigene Mitte. Ein neuer Kreislauf beginnt. In der Mitte ereignen sich die wundervollsten Dinge. Chromosomen legen sich aneinander, bilden Paare, das neue Leben wird geordnet, stabilisiert und beginnt seine Reise aus einer neuen Mitte heraus.

Die Kunst ist eine Vermittlerin des
Unaussprechlichen.

Johann Wolfgang von Goethe

Die Stille

Es gibt diese seltenen und wunderbaren Augenblicke der völligen Stille. Es ist, als ob sich der Kreis des Lebens auf einmal langsam und gleichmäßig, unaufgeregt dreht oder sogar für einen Augenblick völlig bewegungslos wird, ohne aus der Balance zu geraten. Je stiller es wird, desto stärker wird das Gleichgewicht. Die innere Mitte wird spürbar und manchmal merkt man, wie stabil sie ist. Eine Kraft taucht auf, die aus der Stille kommt.

Von der Mitte gehalten

Jeder Gedanke, jedes Wort, ist Teil eines großen Ganzen. Das Mysterium des Lebens ist so präzise angeordnet, so genial aufeinander bezogen und wirkt so meisterhaft zusammen, dass man sich manchmal die Frage stellt, ob es eine Mitte gibt, die alles sieht, alles kennt und alles zusammenhält.

So wie wir die Weite des Universums nicht denken können, so ist es auch nicht möglich, die Mitte zu beschreiben. Das einzige, was Menschen seit jeher glauben und wissen, ist, dass man von dieser Mitte gehalten ist.

Kirche der Madonna von Karmel, Nerečišća, Kroatien

Nicht symmetrisch

Der zarte Bruch inmitten der Vollkommenheit ist das, was das Leben ist: eben nicht perfekt ausgemessen, nicht vorhersehbar.

Warum ist ein ungleichmäßiges Gesicht schöner als ein völlig gleichmäßiges?

Ästhetik ist der zarte Tanz der Vollkommenheit mit der Unvollkommenheit. Deswegen werden manchmal die Regeln der Symmetrie gebrochen, um einem Bau, einem Leuchter, oder einem Kunstwerk nicht Vollkommenheit, sondern Schönheit zu geben.

Glück

Das Streben des Menschen gilt dem Glück, im Idealfall dem vollkommenen Glück. Da es dieses Glück häufig nur als äußerst kurzen Augenblick gibt, ist eines der bekanntesten Lebensgefühle die Sehnsucht oder die Suche nach diesen Glücksmomenten.

Der süße Kuss, die musikalische Harmonie, der anerkennende Applaus, die gespürte Liebe, der Moment, in dem wir etwas Ersehntes bekommen, der fröhliche Tanz, der erste Schwung im Pulverschnee, das Eintauchen in die Brandung, der Moment des Rausches, in dem noch nichts zu viel und nichts zu wenig ist, die Freude des Wiedersehens.

Vollkommen, harmonisch, leuchtend, glänzend, umfassend fein – das erleben wir in seltenen Augenblicken. Dann spannt sich das Leben in vollkommener Harmonie auf und schwebt in uns.

Lebendigkeit ist Wandel, Lebendigkeit ist das Voranschreiten, es ist der Augenblick, der im nächsten Moment wieder vorbei ist. Das Leben ist eine Reise, und das Ausschauhalten nach dem Glück sein Begleiter.

 Kirche des Hl. Hieronymus, Pučišća, Kroatien

Ich und Du

Alle Menschen sind schön. So wie man von jedem Menschen ein Foto machen kann, auf dem er wenig attraktiv aussieht, so kann man von jedem Menschen auch ein Bild einfangen, in dem seine Schönheit aufleuchtet. Es kommt auf den Blickwinkel an, auf die Beleuchtung, auf die Stimmung. Äußerlich wie innerlich werden die Qualitäten und ihre oft ganz eigene Schönheit sichtbar. Ein unvergleichliches Lachen, ein Glitzerglanz in den Augen, eine berührende Verlässlichkeit, ein richtiges Wort, ein heraussprudelndes Engagement kann Menschen aus ihrer Gewöhnlichkeit heraus in Schönheiten verwandeln.

Jeder Mensch ist wie ein Leuchter, ein wunderbarer Kristall, ein glitzerndes Staubkorn all dessen, was an Schönheit zwischen Himmel und Erde schwebt.

 Kirche St. Antonius, Maranovići, Kroatien

Kristall

Der Kristall ist ein Weg der Natur, sich geordnet aneinander zu fügen, glatte Flächen so zu bilden, dass Lichtglanz und Lichtbrechungen entstehen, die uns entzücken. Der Diamant- oder Glasschleifer greift diese Kunst auf und schafft durch genaue Flächenanordnungen Brillanz. Rauten, Dreiecke, Vielecke erzeugen Effekte, die Ästhetik, Wert und Freude entstehen lassen. Das Licht tritt mit diesen Formen in einen spielerisch wirkenden Tanz der Farben und Reflexionen ein und vervielfacht sich durch dieses Spiel.

Die Strenge und mathematisch-physikalisch genaue Gesetzmäßigkeit der Kristalle verbindet sich mit einem scheinbar zufälligen Effekt und einer Leichtigkeit und Schönheit, die uns verzaubern und unser Innerstes anrühren kann. All das lässt uns glauben, dass ein Kristall oder Diamant großen Wert besitzt.

Es ist besser,
ein einziges kleines Licht anzuzünden,
als die Dunkelheit zu verfluchen.

Konfuzius

 Kirche der Allerheiligen, Blato, Kroatien

Klarheit

Klarheit entsteht durch die Konzentration auf das Eigentliche. Es geht um Exzellenz. Das Wort stammt vom Lateinischen excellere und bedeutet das Ausschließen. Alles Ablenkende, Belanglose, Halbwahre, wird weggetan, beiseitegelegt, vor die Türe gestellt.

Es wird abgewartet, bis sich die erste Aufregung gelegt hat. Gerüchte werden überprüft, die Meinung der anderen Seite wird eingeholt und gehört. Verwischtes wird scharf gestellt, das Durcheinander in Beziehung gesetzt. Der Punkt in der Mitte wird eingenommen, von dem aus alle Seiten gleichwertig sind. Jetzt sieht alles ein wenig anders aus, klarer.

 Kirche der Hl. Jeanne d'Arc, Tunis, Tunesien

Abrunden

Eine Sache bewegt mich, ich lege meinen Standpunkt dar, versuche, ihn zu schärfen, deutlicher zu machen, die spitzere, überzeugendere Formulierung zu finden. Ein anderer hält dagegen. Emotionen werden unterlegt, um die jeweiligen Argumente stärker zu machen.

Manchmal ist jedoch die Zeit gekommen, etwas nicht weiter zu treiben, sondern gut sein zu lassen, es abzurunden und abzuschließen.

Es geht nicht mehr darum, wer gewinnt, wer überzeugt, sondern darum, etwas in Einklang zu bringen, etwas zusammenzubringen, etwas sein zu lassen, wie es ist.

Deine und meine Meinung sind nur Teile der Vielfalt des Lebens, nur Stücke eines Ganzen.

Die Kraft des Staunens

Selten und kostbar sind Augenblicke des Staunens. Die Schönheit und Ordnung des Universums, die wunderbaren Details der Natur. Die unfassbare Fülle an Galaxien und Zellen. Das unglaubliche Zusammenspiel von Proteinen und Gedanken. Der Reichtum und die Schönheit des Lebens und der Kunst. Die wunderbare Kraft der Liebe, das geheime Ankommen von Wohlwollen beim anderen, wenn wir gute Gedanken aussenden. Die Verbindung alles Lebendigen, und das manchmal so feste, dann wieder so zarte Ahnen und Wissen von etwas Größerem, etwas Göttlichem inmitten des Lebenswunders.

Der Trubel lenkt uns manchmal ab, verstrickt uns in alltägliche Kleinigkeiten. Manchmal gibt es Momente, in denen ein anderer Blickwinkel möglich ist, ein Stille-werden und Aufschauen, und das Staunen über die Schönheit des Lebens zieht ein.

Heiliges Herz Jesu Kirche, Prag, Tschechien

Ein Segen

Benedicere ist das lateinische Wort für Segnen und heißt: Gutes sagen, Gutes aussprechen, eine gute Meinung haben.

Für unsere Sprache, für unsere Wünsche, für unsere Gebete, unsere Gedanken, für alles, was wir sagen, aussprechen, fühlen, denken und tun, gilt: „Was wir geben, empfangen wir."

Wer Gutes spricht, wird Gutes ernten. Wer Gutes denkt, über den wird Gutes gedacht. Wer über andere gut denkt, erfährt Wertschätzung. Wer das Gute beim anderen sieht und benennt, bekommt das Gute zurück.

Wer das Schöne sucht, entdeckt es. Wer an die Harmonie glaubt, stellt sie her. Wer segnet, wird gesegnet sein.

Mittler

Es kommt vor, dass wir besonderen Menschen begegnen, manchmal unbekannten, manchmal altbekannten, die etwas sagen, das uns trifft, berührt und das in unserem Inneren aufleuchtet.

Auch wenn man ganz alleine ist, kann etwas Ähnliches geschehen. Man hört eine innere Stimme oder ein Wort taucht auf. Etwas ereignet sich, das über die alltäglichen Eindrücke und Gedanken hinausgeht. Manchen scheint es, als habe Gott gesprochen, weil ein Gedanke so klar und deutlich ist, dass er eine eindeutige und helle Botschaft hinterlässt.

Manche Menschen träumen von Engeln oder beschreiben wunderliche Begegnungen.

All diese Boten rufen von oben oder von innen. Sie rufen aus der Mitte und rufen uns in die Mitte hinein. Sie machen uns stark und ausgeglichen und verankern uns in der Mitte. Nicht ohne Grund werden sie Vermittler oder Mittler genannt.

Das Zentrum

Das Leben beginnt mit einer Eizelle und einem Zellkern. Die Samenzelle dringt ein, und zwei Zellkerne verschmelzen zu einem. Der Mensch beginnt wie eine Kugel mit einer Mitte. Dann beginnt das Teilen, das Aufteilen, das Einteilen. Der zweite große Prozess neben der Teilung ist die Faltung. Der Zellhaufen beginnt sich einzufalten. Die erste Falte bildet das Rückgrat. Einfaltungen und Ausfaltungen bestimmen die weiteren Schritte, am Ende hat sich ein Mensch entfaltet. Nun sind es Billionen Zellen mit Billionen Mitten, dennoch bleibt die eine Mitte geheimnisvoll in uns enthalten.

Wo spürst Du die Mitte? Manche in der Herzgegend, manche in der Nabelgegend, manche wählen das dritte Auge auf der Stirn als gefühlte Mitte des Seins. Die Sehnsucht nach der eigenen Mitte bleibt und wird im Ausgleich der verschiedensten Entfaltungsmöglichkeiten des Menschen gesucht. Die Suche nach innerer Balance, nach Gleichgewicht, nach Ausgeglichenheit begleitet uns als Grundthema auf unserer Lebensreise. Ob es im entfalteten Menschen eine physische Mitte gibt, bleibt in der Schwebe. Ob es eine geistige innere Mitte gibt, wird unterschiedlich beantwortet. Vielleicht ist die eigene Mitte auch ein Geheimnis, das uns dann berührt, wenn wir eine Mitte betrachten.

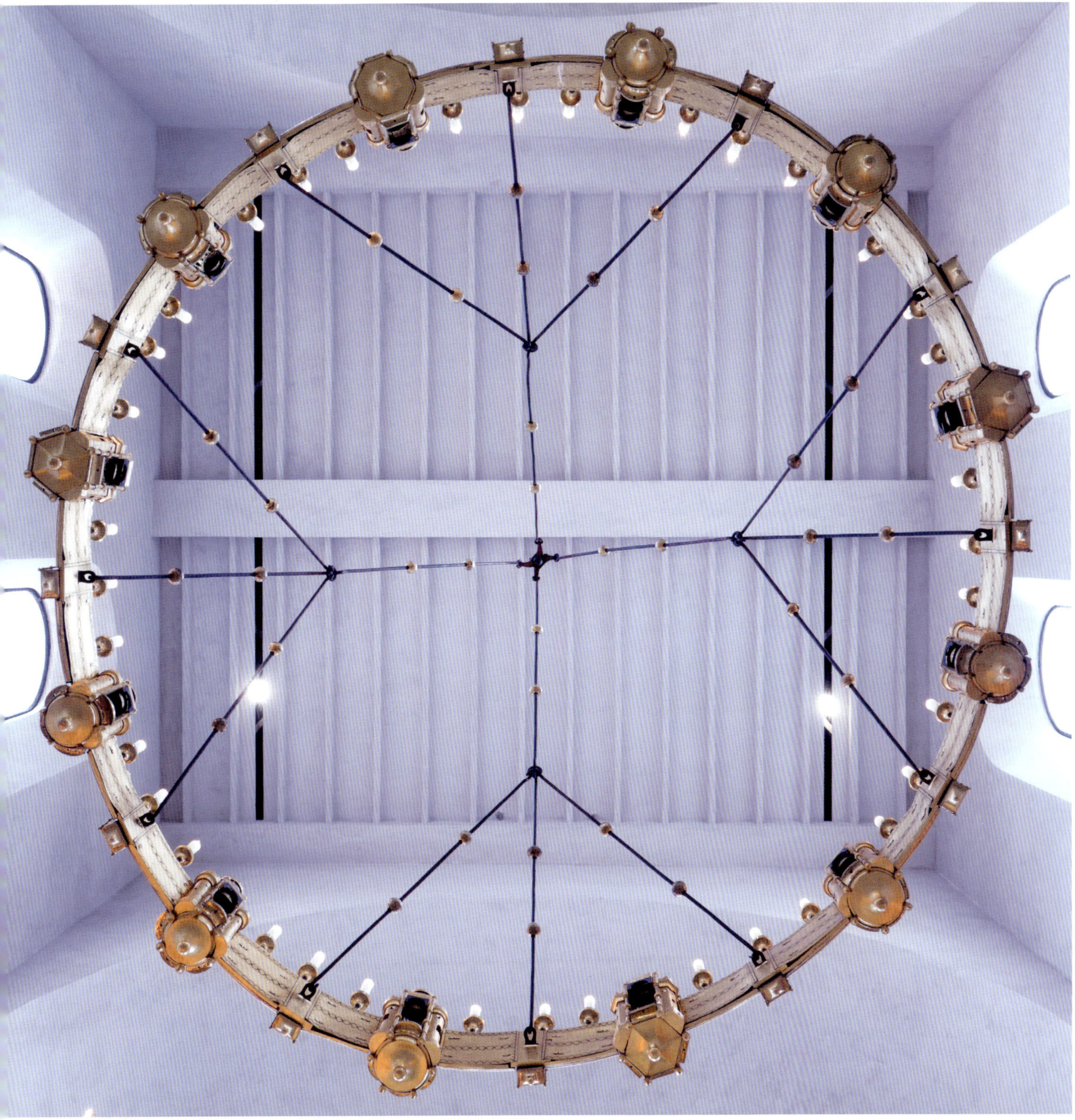

Es gibt zwei Arten, sein Leben zu leben:
entweder so, als wäre nichts ein Wunder,
oder so, als wäre alles ein Wunder.

Albert Einstein

Atem

Der Atem ist unser engster Kontakt zur Welt. Durch ihn sind wir mit ihr in ständiger Beziehung. Wir tauschen aus, wir nehmen auf, geben ab. Die Pflanzen werden einbezogen in den Handel des Lebens, denn sie brauchen, was wir geben und umgekehrt. Der Mensch erwacht mit dem ersten Atemzug in die Welt und er geht mit dem letzten Atemzug aus der Welt. Der Lebensatem ist ein Geschenk Gottes, ein unfassbar funktionierendes, ausgetüfteltes Werk der Natur. Die Farben rot und blau sind die Farben des Atmens, rotes Blut, reich an Sauerstoff, blaues Blut, arm an Sauerstoff. Feuer und Wasser, Nehmen und Geben.

Sprechen ist eine besondere Form des Atmens. Wir unterlegen den Atem mit Klang. Singen ist die Steigerung davon. Wenn Klang auf Wasser trifft, bilden sich Wellen. Manchmal entstehen richtige Bilder, Wasserklangbilder. Diese Bilder erinnern an natürliche Formen. Schneekristalle, Mikroorganismen, Blütenformen.

Singen ist formbildend – gestaltbildend. Vielleicht ist die Form einer Blume das Ergebnis eines Gesanges. Im Johannesevangelium heißt es: Am Anfang war das Wort. Vielleicht hat Gott aber seine Vision nicht in die Realität gesprochen, sondern gesungen. Es könnte genauso gut heißen: Am Anfang war der Ton, die Melodie, der Gesang. Vielleicht sind wir das Ergebnis eines Liedes. Und das Universum die größte aller Symphonien.

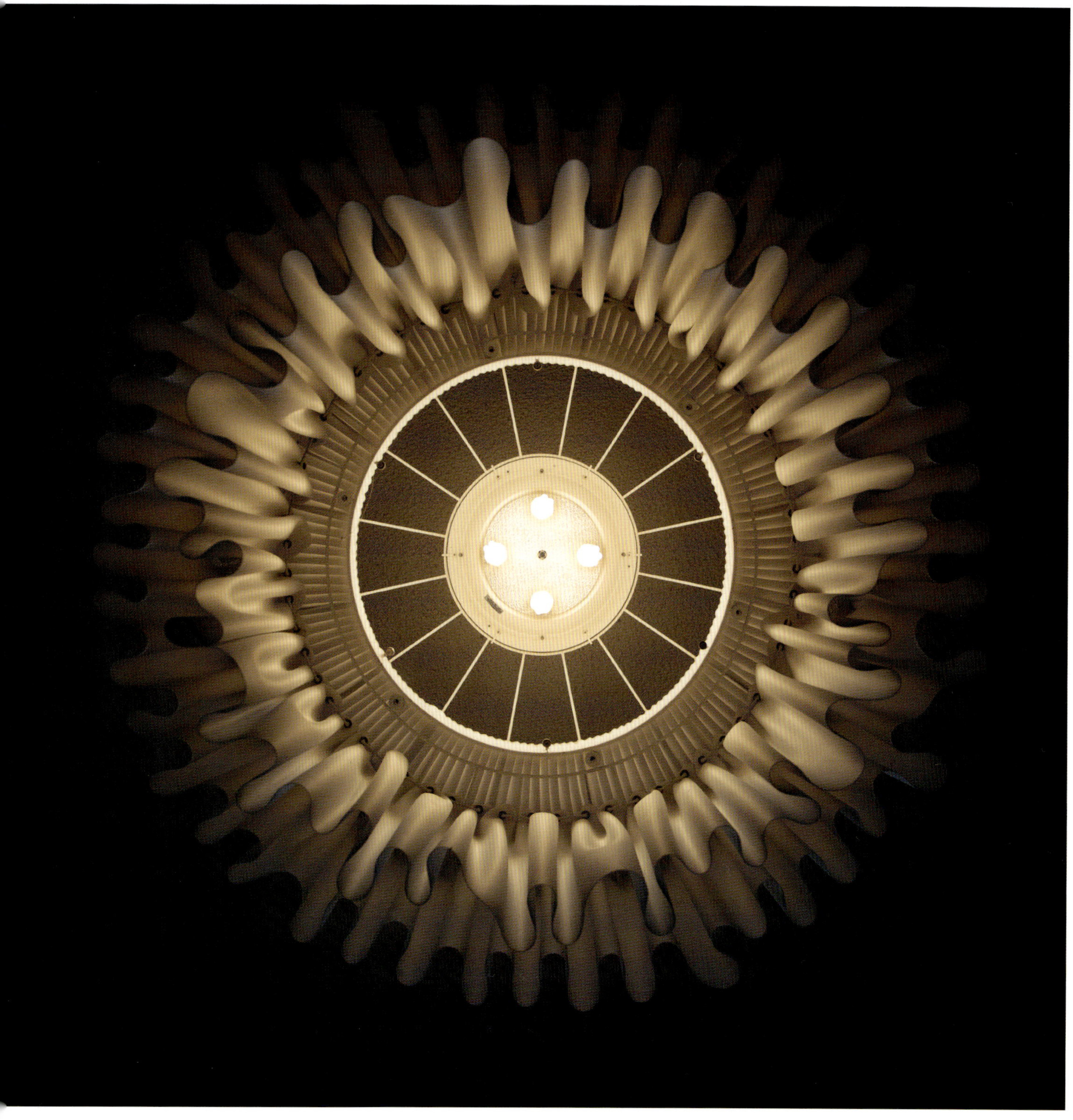

Spielplatz

Drei Dinge gibt es auf jedem Spielplatz: Die Schaukel, die Wippe und das Karussell. Auf den Spielplätzen der Größeren gibt es ein Riesenrad und verschiedenste Kreisel. Alle drehen sich um eine Grunderfahrung, ein Urbedürfnis. Das Spüren der Mitte und des Schwunges, der von ihr ausgehend die Ränder erfasst.

Kirche der Hl. Anna, Donji Humac, Kroatien

Ausstrahlung

Der Körper ist der Träger des Lichtes. Aus unserem Inneren gespeist, leuchtet ein Gesicht auf, strahlt ein Mensch.

Ein Leuchter trägt das Licht. Er gibt ihm Fassung und Rahmen. Das Licht nährt die Seele, es spiegelt sich in uns, es dringt ein und strahlt aus. Das Licht bleibt dabei unfassbar, unerklärbar. Nur beschreibende Annäherungen sind möglich.

Das Licht ist der Anfang der Zeit. Gott ist Licht, und jedes Strahlen ist eine Erinnerung an ihn.

Gebet

Eine Form des Betens ist es, die Hände zu verschränken und den Fokus nach innen zu richten.

Wir suchen einen Gedanken und finden ihn in uns. Der Gedanke ist da und ruht in uns, noch ehe wir ihn in Worte kleiden.

 Hinterhof in der Medina, Tunis, Tunesien

Herausforderungen

Das Meer kann wild sein und das Ziel weit. Brücken können einstürzen und Tore verschlossen sein. Das Ja muss erbeten werden, das Nein ist eine Option. Nicht alles gelingt, was man sich wünscht.

Doch Meere kann man überqueren, Brücken aufbauen und überschreiten, an Tore kann man klopfen.

Was kostbar ist, ist nie einfach. Was wertvoll ist, braucht Zeit.

Zeitenmitte

In einem kleinen Land, in einem kleinen Ort, auf einem Feld, über einem einfachen Stall leuchtet ein Stern und markiert die Mitte der Zeit.

Das Weltall ist ein Kreis,
dessen Mittelpunkt überall,
dessen Umfang nirgends ist.
Blaise Pascal

Ruhe

Manchmal ist die Mitte einfach nur eines: still.

Genuss

Mit den Sinnen kommunizieren wir mit der Welt. Sie sind unsere Kontaktmöglichkeiten. Wir erforschen, erkennen, entscheiden aufgrund ihrer Eindrücke.

Sie haben aber nicht nur eine aktive Aufgabe, sondern auch eine ganz ruhige und entspannte. Wir haben sie, um zu genießen.

Kirche des Hl. Prokop, Prag, Tschechien

Eros

Als Vermittler zwischen Himmel und Erde, Göttlichem und Menschlichem, zwischen Frau und Mann wurde Eros seit der griechischen Antike verehrt. Das Verschmelzen zweier Hälften, das Vereinen entgegengesetzter Pole, das Erkennen der wahren Schönheit im Anderen, in der Welt und in sich selbst, das ist eigentliche Erotik. Was mit Liebe betrachtet wird, wird als schön empfunden, trägt Eros in sich. Ein erotischer Blick in die Welt ist einem liebenden Blick gleich, einem Blick, der nach dem Einenden, Verbindenden strebt und das Schöne und Wahre erkennt.

Kunstgalerie, Tunis, Tunesien

Auseinandersetzung

Das Labyrinth ist ein verschlungener Weg zur Mitte. Im alten griechischen Mythos haust in dieser Mitte ein Ungeheuer – der Minotaurus. Der junge Königssohn Theseus beschließt, sich diesem Ungeheuer zu stellen und mit ihm zu kämpfen. Er überwindet seine Angst und wagt sich in die Mitte. Das Labyrinth ist ein altes Bild für den Lebensweg des Menschen. Auf jeder Lebensreise müssen Auseinandersetzungen geführt werden. Jeder kämpft auf seine Weise mit dem einen oder anderen äußeren und inneren Ungeheuer. Bevor Theseus das Labyrinth betritt, bekommt er von Ariadne ein Schwert und einen Faden. Auch wir bekommen Hilfe von Menschen, mit denen wir in Beziehung sind, wenn wir unsere Kämpfe antreten. Mit dem Schwert gelingt es ihm schließlich den Minotaurus zu besiegen. Auseinandersetzungen führen immer auch zu Erkenntnissen, und wenn man sich einem Kampf gestellt hat, hat man daraus etwas gelernt.

Aber wozu ist der Faden gut? In den klassischen Labyrinthen gibt es immer nur einen Weg, und man müsste ihm einfach nur folgen, um aus dem Labyrinth wieder herauszukommen. Vielleicht brauchen wir den Faden, weil es geschehen kann, dass wir uns an das Kämpfen gewöhnen und auf den Kampfplätzen des Lebens bleiben, um einen Kampf nach dem anderen auszufechten. Ariadne zieht Theseus zurück zu sich. Im Leben geht es nicht nur ums Kämpfen, sondern um Beziehung. Deshalb nennt man den Weg in das Labyrinth zur Mitte den Weg der Erkenntnis und den Weg aus dem Labyrinth heraus den Weg der Liebe.

Wahrheit

Die Wahrheit ist vielfältig. Sie ist der Blick vieler auf eine Mitte. Jeder sieht etwas anderes und doch das Gleiche. Verschiedenes bestimmt die Beschreibung des Gesehenen. Für manche ist die Form wesentlich oder die Farbe, die Struktur oder die Geometrie. Für andere ist es die Stimmung, der Ausdruck, die Aura. Der Fokus gestaltet die Wahrheit und die Erinnerungen, die Meinung und die Emotion. Die Wahrheit ist vielfältig, und doch lässt sie sich in einem Punkt überprüfen. Die Lüge beengt, die Wahrheit macht frei.

Streit und Versöhnung

Ein handfester Streit zerrt und reißt an der inneren Balance. Man wird aus der eigenen Mitte gerissen und spürt manchmal sogar die Angst, dass die Schnur, die einen hält, reißen könnte. Im schlimmsten Falle wird gezielt verletzt, Unpassendes ausgesprochen, Tabus werden gebrochen.

Es heißt: Ein Gewitter reinigt. Aber wenn Grenzen überschritten werden, kommen Vermurungen und Hagelschäden dazu. Die Hoffnung aber, dass alles wieder ruhig und heil wird, bleibt. Besonders schön ist es, wenn das neue Licht im abziehenden Sturm einen Regenbogen aufzieht.

Kirche des Hl. Nepomuk, Pilsen, Tschechien

Verbindet die Extreme,
so habt ihr die wahre Mitte.

Friedrich von Schlegel

Tanz

Tanzt man zu zweit, reicht man sich die Hände oder umfasst Hüften und Schultern. Es wird gedreht, im Kreis geflogen, sekundenlang sogar schwebt man wie in einem Karussell. Man lässt sich wieder los, dreht sich ein und aus, fasst sich erneut, lacht sich an oder in sich hinein.

Wer tanzt, umschließt die Mitte.

Zu zweit

In der Begegnung zwischen zwei Menschen kann manchmal so etwas wie eine Wolke erotischen Feinstaubes entstehen. Man findet sich sympathisch und attraktiv. Neugier stellt sich ein, man hört genauer hin, erzählt und stellt gezielt Fragen. Manche Begegnungen gehen in ein kunterbuntes Hin und Her über, beschwingt und bewegt in der Freude am Ich und Du.

Es ist, als ob zwei Kreise sich übereinander schieben. In diesen Räumen und Flächen der Begegnungen ist immer auch etwas Drittes, etwas Göttliches.

SV. IVAN
SV. LUKA

Fragen

Auf verschlungenen Bahnen geht das Leben voran. Manche überraschende Wendung verunsichert und fordert uns heraus. Was wir hören und erleben wirft Fragen auf. Wie passt alles zusammen? Wie füge ich mich ein? Wo breche ich aus? Was liegt vor mir? Wie gehören das Dunkle und das Helle zusammen? Wie kann ich das Schöne in meinem Leben zum Leuchten bringen?

Die Antwort findet sich in der Stille, in der Einkehr in das eigene Wesen, das stets eine Lösung zu bieten hat, wenn man lernt, hinzuhören.

Kirche der Muttergottes der Piraten, Komiža, Kroatien

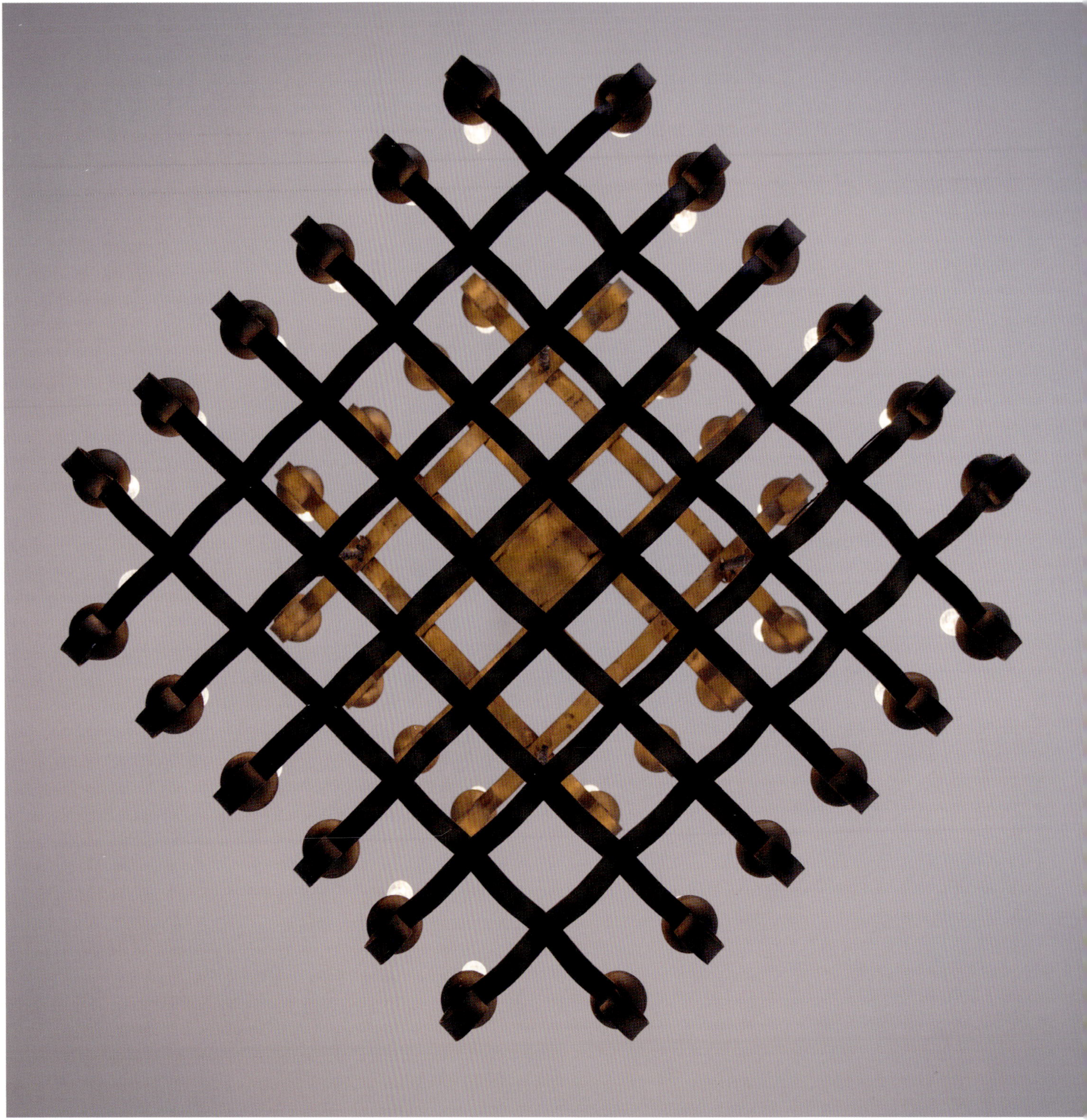

Gelassenheit

Gelassenheit entsteht aus der Erkenntnis, dass das Leben so ist, wie es ist, und nicht anders. Dazu gehören Abschnitte nahe der Mitte und nahe des Randes, Wendepunkte, die mit Freude gegangen werden, und solche, die Widerstand und Zögern auslösen. Der wichtigste Grund zur Gelassenheit ist aber das Vorhandensein der Mitte. Es gibt einen Ort der Geborgenheit, ein Zentrum.

Was immer die Mitte im Augenblick ist, sie ist eine Quelle der Gelassenheit. Wer darauf blickt, für den fügen sich die vielen verschiedenen Teile zu einem faszinierend schönen Gebilde, das staunen lässt.

Museum of Modern Art, Dubrovnik, Kroatien

ὁ ἅγιος Μάρκος

Das Ganze

Wenn Ausschnitte sich zu einem Ganzen fügen, ist es manchmal wie ein Wunder. Das Ganze ist betörend schön.

Dank

Von Herzen danke ich jenen, ohne deren Unterstützung die Umsetzung dieser Arbeit nicht möglich gewesen wäre:
Alexander Tutsek-Stiftung München
Croatia Airlines, Zagreb
Firma F.EE, Neunburg v. W.
Josef und Anna Maria Irlbacher, Firma Irlbacher Blickpunkt Glas, Schönsee
Förderverein Oberpfälzer Künstlerhaus, Schwandorf
Sparkasse Schwandorf
Gold GmbH, München
Kunstverein Neunburg v. W.

Im Hoffman Seminar durfte ich darüber hinaus erfahren, wie wertvoll und richtig es ist, bei mir zu bleiben und meinen ganz eigenen Weg zu gehen.

Außerdem bedanke ich mich bei meinen Eltern Christa und Raimund Ferstl, die trotz der Tatsache, dass ihre älteste Tochter sich für einen unsteten, künstlerischen Weg entschieden hat, immer hinter ihr stehen, bei meinen Geschwistern Andrea Rötzer und Christian Ferstl für ihre Unterstützung in allen Lebenslagen, bei Joachim Poeschke, bei Laura Pöhler und Martin Scherer dafür, dass sie an diese Publikation geglaubt und den Entstehungsprozess so wunderbar begleitet haben und last but not least bei Gernot Candolini für die anregende Zusammenarbeit und den erfrischenden Austausch.

München, im Dezember 2018
Miriam Ferstl

Bilder, Seite 5

1. Reihe:

Kirche Mariä Verkündigung, Novo Selo, Kroatien

Synagoge La Goulette, Tunis, Tunesien

Kirche des Hl. Prokop, Prag, Tschechien

2. Reihe:

Kirche Mariä Himmelfahrt, Bodenmais

Spanische Synagoge, Prag, Tschechien

Kirche der Hl. Anna, Donji Humac, Kroatien

3. Reihe

Kirche der Muttergottes der Piraten, Komiža, Kroatien

Kirche des Hl. Nikolaus, Stari Grad, Kroatien

Gradska Kavana Arsenal, Dubrovnik, Kroatien

Bild Seite 8/9

Kirche des Hl. Rochus, Sutivan, Kroatien

Bilder, Seite 17

1. Reihe

Kirche des Hl. Peter, Supetar, Kroatien

Dar El Jeld Hotel, Tunis, Tunesien

2. Reihe

Blauer Salon, Nymphenburger Porzellanmanufaktur, München

Orthodoxe Allerheiligenkirche, München

Bild Seite 24/25

Nationaltheater Prag, Tschechien

Bild Seite 40/41

Kirche des Hl. Peter, Supetar, Kroatien

Bilder, Seite 49

1. Reihe

Erzbischöfliches Palais, Prag, Tschechien

Kirche des Hl. Blasius, Dubrovnik, Kroatien

Erzbischöfliches Palais, Prag, Tschechien

2. Reihe

Kirche des Hl. Pankratius, Babino Polje, Kroatien

Kirche der Hl. Jeanne d'Arc, Tunis, Tunesien

Kirche des Hl. Johann Evangelista, Blovice, Tschechien

3. Reihe

Kirche St. Antonius, Maranovići, Kroatien

Büro des Bischofs, Dubrovnik, Kroatien

Kirche St. Mariä Heimsuchung, Mirca, Kroatien

Bild Seite 56/57

Estates Theater, Prag, Tschechien

Bild Seite 72/73

Blauer Salon, Nymphenburger Porzellanmanufaktur, München

Bilder, Seite 81:

1. Reihe:

Theater am Aegi, Hannover

Kunstgalerie, Tunis, Tunesien

New Stage Theater, Prag, Tschechien

2. Reihe:

Marienkloster, Mljet, Kroatien

Stadttheater Marienbad, Tschechien

Estates Theater, Prag, Tschechien

3. Reihe:

Dom St. Maria und St. Korbinian, Freising

Synagoge Augsburg

Staatsoper München

Bild Seite 88/89

Dar El Jeld Hotel, Tunis, Tunesien

Bild Seite 94

Nationaltheater Prag, Tschechien

www.claudius.de

Umschlaggestaltung: www.werkstattmuenchen.com

Layout und Satz: Mario Moths, Marl

Gesetzt aus Orkney und der ITC Century

Druck: Finidr, s.r.o., Český Těšín

ISBN 978-3-532-62834-8